AUF DEN PUNKT GEBRACHT

Elmar Philipp

MULTIPROFESSIONELLE TEAMS
auf den Punkt gebracht

debus PÄDAGOGIK

Bibliografische Information der Deutschen Nationalbibliothek

Die Deutsche Nationalbibliothek verzeichnet diese Publikation in der Deutschen Nationalbibliografie; detaillierte bibliografische Daten sind im Internet über http://dnb.d-nb.de abrufbar.

In der Reihe „Auf den Punkt gebracht“ sind bisher erschienen:

Band 1: Hans-Günter Rolff: Schulleitung auf den Punkt gebracht

Band 2: Kurt Edler: Demokratische Resilienz auf den Punkt gebracht

Band 3: Georg Lind: Moralerziehung auf den Punkt gebracht

Band 4: Elmar Philipp: Leitbildentwicklung auf den Punkt gebracht

Band 5: Dieter Vaupel: Wochenplan auf den Punkt gebracht

Band 6: Gerhard Regenthal: Öffentlichkeitsarbeit für Schulen auf den Punkt gebracht

Band 7: Wolfang Böttcher: Evaluation auf den Punkt gebracht

Band 8: Hans-Günter Rolff: Schulentwicklung auf den Punkt gebracht

www.debus-paedagogik.de
www.wochenschau-verlag.de

Programmleitung: Peter E. Kalb
Gesamtherstellung: Wochenschau Verlag

Gedruckt auf chlorfrei gebleichtem Papier
ISBN 978-3-95414-132-6 (Buch)
E-Book ISBN 978-3-95414-133-3 (PDF)

INHALTSVERZEICHNIS

Intro

„Die Erlebnisse eines genialen Teams erscheinen immer wie in Technicolor gefilmt – und das Leben danach so trüb wie ein Schwarzweißfilm“ (Warren Bennis).

Schulen waren schon immer multiprofessionelle Einrichtungen; durch die bildungspolitischen Megatrends Ganztag und Inklusion hat sich diese berufliche Vielfalt jedoch deutlich verstärkt, da mehr Professionen als vorher zusammenwirken. Dies stellt nicht nur an die Kooperations- und Teamfähigkeit des betroffenen Personenkreises hohe Anforderungen, sondern ist nebenbei auch eine Herausforderung für das Schulleitungshandeln: Das bunte, vielfältige Potential multiprofessioneller Gruppen verlangt u. a. nach einem Führungsstil, der diese Vielfalt auch aktiv fördert.

Diverse („Diversity“), multiprofessionelle Teams sind darüber hinaus alles andere als Selbstläufer. Vielmehr benötigen sie – neben der Unterstützung durch die Leitung – Unterstützungsstrukturen in den folgenden Bereichen: Fortbildungen an Studientagen und angemessene Methoden etwa zum Sitzungsmanagement und zur Bestandsaufnahme. Zudem geht es um eine wertschätzende Haltung in der Zusammenarbeit, die in einem psychologisch sicheren Umfeld gedeihen kann. Darum geht es in diesem Mikrobuch.

MULTIPROFESSIONELLE KOOPERATION: MERKMALE UND HERAUSFORDERUNGEN

In der multiprofessionellen Zusammenarbeit in Schulen treffen verschiedene Berufsgruppen und Professionen aufeinander. Je nach Vorhaben sind dies die folgenden Berufe:

- Lehrerinnen und Lehrer
- Schulleiterinnen und Schulleiter
- Erzieherinnen und Erzieher
- Sonderpädagoginnen und Sonderpädagogen
- Sozialpädagoginnen und Sozialpädagogen
- Integrationshelferinnen und -helfer
- Psychologinnen und Psychologen
- Lerntherapeutinnen und Lerntherapeuten
- Physiotherapeutinnen und Physiotherapeuten
- Schulbegleiterinnen und Schulbegleiter

Die genannten Berufsgruppen zeichnen sich dabei durch die folgenden Merkmale aus:

- Eigene Identitäten, Ausbildungen und Selbstverständnisse
- Unterschiedliche Fachsprachen und Fachkulturen
- Unterschiedliche Positionen in der Organisation/Hierarchie
- Unterschiedliche berufliche Situationen und Beschäftigungsverhältnisse
- Unterschiedliche Ziele und Erwartungen

Synergieeffekte, die aus der vielfältigen Zusammenarbeit resultieren könnten, sind angesichts der genannten Unterschiede sicherlich keine Selbstläufer: Ist gute Zusammenarbeit zwischen den Lehrkräften einer Schule schon nicht immer selbstverständlich, so stellt die Kooperation mit den anderen Berufsgruppen noch höhere Anforderungen an alle Beteiligten – auch und gerade wenn die Mehrzahl von ihnen aus der großen, weiten Welt der Pädagogik stammt.

Das anspruchsvolle Programm lautet nämlich: „Respekt vor den benachbarten Fächern muss sich einstellen, obwohl diese umso eher als Konkurrenten erlebt werden, je näher sie beieinanderliegen" (Buchinger/Schober 2006, S. 67).

Die möglichen Vorteile multiprofessioneller Zusammenarbeit werden im Wesentlichen in drei Bereichen gesehen (nach: Radisch 2016, S. 8):

- Nutzung unterschiedlicher Sichtweisen und Stärken
- Verstärkung der lebensweltlichen und sozialräumlichen Öffnung von Schule
- Ergänzung fehlender Fachkompetenzen und Fähigkeiten bei Lehrkräften

GRUPPE ODER TEAM – KOOPERATION UND TEAMARBEIT

Viele Leserinnen und Leser kennen wahrscheinlich die Redewendung „Von der Gruppe zum Team“, die die Überlegenheit des Teamgedankens ausdrücken soll. Im Unterschied zu diesem eher landläufigen Sprachgebrauch benutze ich in diesem Mikrobuch die Begriffe „Team“ und „Gruppe“ synonym wie beispielsweise Simone Kauffeld, eine prominente Gruppenforscherin, die die Fachdiskussion so zusammenfasst: „Eine scharfe Trennung zwischen Gruppe und Team (...) erscheint nicht möglich“ (Kauffeld 2001, S. 15). Dies bedeutet, dass an vielen Stellen in diesem Band – u.a. bei Aufzählungen von Gruppenvorteilen oder Erfolgsfaktoren der Teamarbeit – die beiden Schlüsselbegriffe „Gruppe“ und „Team“ alternierend verwendet werden.

Sehr viel interessanter als die Diskussion um diese beiden Begriffe ist m.E. für den multiprofessionellen Schulbereich die Unterscheidung zwischen unterschiedlichen Formen der Kooperation und Teamarbeit: „Man kann sehr wohl gelegentlich kooperieren, ohne Teil eines Teams zu sein“ (Perrenoud 1997, S. 39). In diesem Sinne sind größere Schulen keine Teams, sondern – wenn alle Lehrkräfte zusammen kommen – Personalversammlungen oder Konferenzen.

Gerade für die multiprofessionellen Arbeitszusammenhänge gilt, dass hier ganz unterschiedliche Varianten von Kooperationsformen zu finden sind: Die Bandbreite reicht hier von der Kooperation zwischen Institutionen (Schule und Betreuung/Ganztag), der Kooperation von Personen innerhalb der jeweiligen Einrichtungen bis hin zur intensiven Fallberatung im Team oder Tandem.

VIER BEGRÜNDUNGEN FÜR TEAMENTWICKLUNG

> „Niemand kann eine Sinfonie pfeifen, man braucht ein Orchester, um sie zu spielen" (H. E. Luccock).

Obwohl für viele Lehrkräfte die Notwendigkeit von Teamentwicklung selbstverständlich anmutet, ist Teamarbeit für (sicherlich wenige) andere Lehrkräfte ein absolutes Tabuthema. Von daher sollen die gegenwärtigen Kooperationsnotwendigkeiten mit vier Argumenten begründet werden.

Menschen sind auf Kooperation angelegt („social brain")

Erstens dürfte es auf der Hand liegen, dass der Mensch ein soziales Wesen ist, das auf Interaktion und Kommunikation angelegt ist. Die neuere Hirnforschung prägte für diesen Tatbestand den Begriff des „social brain" (Parodoxerweise heisst einer der Urheber dieses Begriffs Thomas Insel!): Demnach konnte in diesen neurobiologischen Studien gezeigt werden, dass nichts die „Motivationssysteme so sehr prägt, (...) wie der Wunsch von anderen gesehen zu werden (...) und die Aussicht auf soziale Anerkennung" (Bauer 2006, S. 35). Diese hervorragende Bedeutung des Erlebens positiver Zuwendung bis hin zur Liebe bedeutet, dass „wir – aus neurobiologischer Sicht – auf soziale Resonanz und Kooperation angelegte Wesen" sind (a. a. O., S. 34).

Es gab und gibt Kooperationsnotwendigkeiten

Das zweite Argument für die Notwendigkeit von Teamarbeit hat mit der Phylogenese des Menschen zu tun: Von unseren frühesten Vorfahren an stellten und stellen sich immer wieder Aufgaben, die nicht allein, sondern nur gemeinsam bewältigt werden können. Schon in der Frühgeschichte bildeten sich Gruppen heraus, die bestimmte Aufgaben im Clan oder in der Sippe übernahmen. Die Menschen taten sich zusammen, um ihre Fähigkeiten und Strategien etwa beim Beutejagen oder dem Ackeranbau erfolgreich zu bündeln.

Insofern ergab und ergibt sich häufig ein Zwang zur Teamarbeit – unabhängig von der Frage, ob jemandem Gruppenarbeit liegt oder nicht. Selbst in Berufen, in denen traditionell das geniale Individuum im Mittelpunkt steht, wie etwa bei Künstlern, gilt „Gemeinschaftsarbeit als eines der bestgehüteten Geheimnisse im Kreativbereich“, so John Briggs (zitiert nach: Bennis/Biederman 1998, S. 48). Künstlervereinigungen wie die „Brücke“ und der „Blaue Reiter“ oder das dreizehnköpfige Team um Michelangelo in der Sixtinischen Kapelle können diese Aussage gut belegen.

Schule heute erfordert professionelle Lerngemeinschaften (oder: „Communities of Practice“)

Zum dritten ist die (auch schulische) Arbeitswelt in den letzten Jahren immer komplexer und anspruchsvoller geworden, sodass das Einzelkämpfertum zunehmend dysfunktional wird: Der Verdichtung der Aufgaben im Schulfeld in den letzten Jahren – wie beispielsweise Förderpläne, Parallel -und Vergleichsarbeiten, Zentralabitur – wird man nicht mit dem mentalen Modell des Einzelkämpfers gerecht. Vielmehr sind hier „Professionelle Lerngemeinschaften“ oder auch „Critical Friends Groups“ notwendig.

Teamarbeit der Lehrkräfte hat Vorbildcharakter für Schülerinnen und Schüler

Viertens kommt im Schulbereich ein weiterer Begründungszusammenhang hinzu: Wenn Schülerinnen und Schüler zur geforderten Teamfähigkeit erzogen werden sollen, kann dies nur gelingen, wenn die Lehrerschaft dies durch eigene Teamarbeit auch vorlebt.

Diesen Begründungen zum Trotz werden die Sinnhaftigkeit und Notwendigkeit von Teamarbeit relativ regelmäßig und z. T. in reisserischer Form – wie beispielsweise mit der Unterstellung einer „Teamlüge“ – in Frage gestellt. So titelte das Wirtschaftsmagazin „Capital“ in seiner Ausgabe vom 29. September 2005: „Teamarbeit: Ende eines Mythos.“ Dieser Abgesang auf die Gruppenarbeit gipfelte in der abenteuerlichen Behauptung, Teamarbeit bedeute „die Unterwerfung der Begabten unter die Mittelmäßigen“.

Als vermeintliche Alternative wird dann gern der geniale, einsame und durchsetzungsstarke Einzelkämpfer propagiert (Jüngst noch in der Wochenzeitung „Die Zeit“ vom 27. Dezember 2018: „Die großen Ideen entstehen immer in gewisser Einsamkeit“, Norbert Bolz). Als ob erfolgreiche Gruppen sich nicht gerade dadurch auszeichneten, selbstbewusste Spitzenkönner ihrer Disziplin zu einem „Traumteam“ zusammenzuführen – wie unzählige Beispiele aus dem Sport, der Forschung oder der Musik zeigen können.

Bestes Beispiel sind für mich die Berliner Philharmoniker, die nicht nur viele Professoren für ihr Instrument in ihren Reihen haben, sondern darüber hinaus international bekannte Solisten wie Sabine Meyer (Klarinette) oder Emmanuel Pahud (Querflöte). Zusammengefasst: Erfolgreiche Teams werden immer von „erstklassigen Experten“ gebildet (Bennis/Biederman 1998, S. 190). Eine seriöse Diskussion würde demgegenüber sicherlich das Thema der Macht in Teams verdienen; zu dieser Thematik gibt es allerdings nur wenig brauchbare Literatur. Abschließend kann man mit Gerhard Comelli (2003, S. 170) den teamkritischen Stimmen entgegnen: „Ohne Teamarbeit wäre die Nasa heute noch nicht auf dem Mond.“

Die Assoziation des Teambegriffs mit dem Gedanken „Toll, ein anderer macht's“ kann also naheliegend nicht das Motto der Teamentwickler sein. Wir halten es da lieber mit den neuseeländischen Schulentwicklerinnen und Schulentwicklern: „Together everybody achieves more“ lautet deren überzeugende Losung!

DER BEZUGSRAHMEN: THEORIE DER GRUPPENREFLEXIVITÄT – AUFGABEN- UND BEZIEHUNGSORIENTIERUNG

Mit dem in der deutschsprachigen Zunft der Schulentwicklerinnen und Schulentwickler kaum wahrgenommenen Ansatz der Gruppenreflexivität von West (1994, zit. nach Kauffeld 2001)) liegt m. E. eine sehr brauchbare Theorie der Teamentwicklung vor, die sowohl Ursachen unterschiedlicher Gruppeneffektivität beschreiben kann als auch maßgeblich Methoden der Teamentwicklung zu konzipieren hilft. Den Kern dieser Theorie bildet die Unterscheidung von zwei Dimensionen des Teamgeschehens: Die aufgabenbezogene („Task") und soziale Reflexivität („Social Reflexivity"). Dass diese beiden Dimensionen nicht vollkommen neu sind, dürfte bekannt sein: Nicht nur in der Kommunikationspsychologie findet sich die Dualität der Inhalts -und Beziehungsebene wie sie prominent von Watzlawick oder Schulz von Thun propagiert wird. Mithilfe der ersten Kategorie lassen sich Zielorientierung, Zielklarheit, Aufgabenstruktur und formelle Rollen der Arbeitsgruppe beschreiben; währenddessen unter der sozialen Reflexivität, die den Grad der Beziehungsorientierung in einer Gruppe angibt, die Interaktionen, Gruppennormen und informellen Rollen subsumiert werden. Das Reflexivitätsmodell geht davon aus, dass Teams durch bewusste Reflexionsprozesse auf beiden Ebenen ihr Wissen und ihre Fähigkeiten ausbauen und somit in ihren Ergebnissen effektiver werden können. Der Schlüssel zu dieser Effektivität ist ein fortwährender Zyklus von Reflexion und Aktion (Vgl.: Philipp 2014, S. 37).

In Anlehnung an eine Systematik von Simon (2003, S. 149), der sich auf West (1994) beruft, kann man die Wirksamkeit des

Gruppenreflexivitätsmodells in folgender Weise darstellen (siehe Abbildung 1):

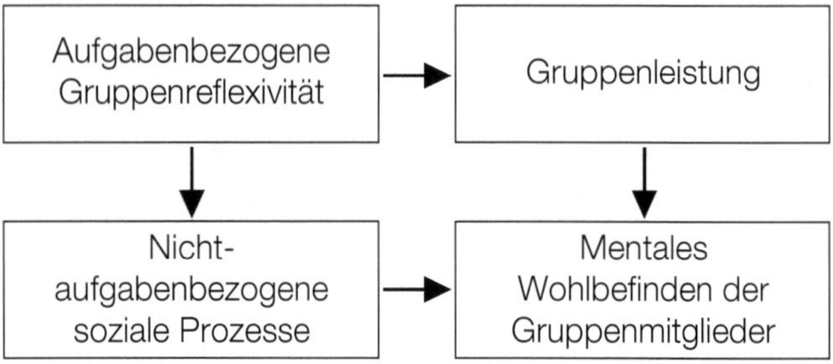

Abbildung 1: Das Gruppenreflexivitätsmodell nach West (1994 und 1996)

Aus dem Modell der Gruppenreflexivität hat Simone Kauffeld die „Kasseler Teampyramide" entwickelt (Kauffeld 2001, S. 138), die sie sehr treffend als „sparsames und anschauliches Modell" bezeichnet. Den Ausgangspunkt dieses Modells bildet nicht zufällig die Zielorientierung, die auch in der Organisationsentwicklung und dem Change Management (Gerkhardt/Frey 2006, S. 53) als wichtigster Erfolgsfaktor für Veränderungsvorhaben angesehen wird. Die Ziele und Anforderungen müssen klar formuliert sein, damit eine Gruppe sie dann entsprechend effektiv umsetzen kann. „Wenn die Teammitglieder die Anforderungen nicht kennen oder die Ziele nicht von allen akzeptiert werden, richten die Teammitglieder sich unterschiedlich aus und verfolgen individuelle Interessen" (Kauffeld 2001, S. 138). Das Gegenteil dieser unterschiedlichen Ausrichtung wäre das, was im Englischen als „Alignement" bezeichnet wird – die gemeinsame Ausrichtung auf ein Ziel also.

Die Abbildung 2 stellt die „Kasseler Teampyramide" dar:

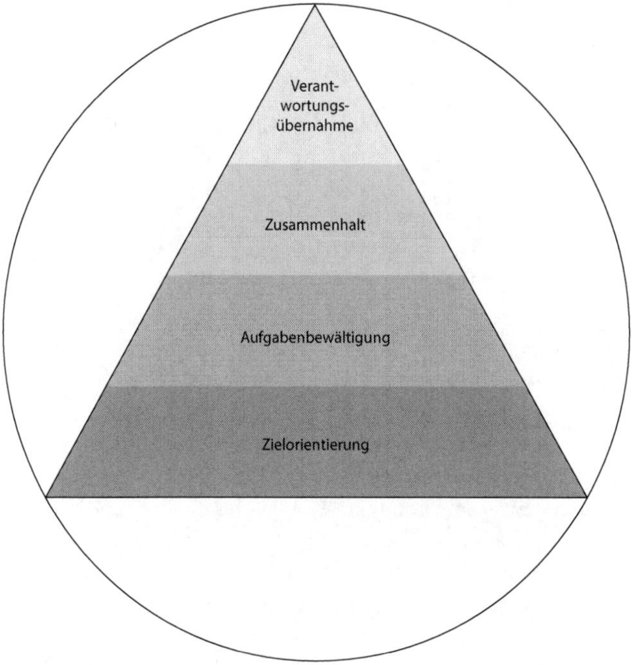

Abbildung 2: Die Kasseler Teampyramide

Dieses Pyramiden – Modell kann sowohl bei der Rückmeldung einer Bestandsaufnahme per Fragebogen genutzt werden als auch zur Veranschaulichung in Prozessen der Teamentwicklung herangezogen werden.

Diese Veranschaulichung bedeutet, dass das Fundament gelungener Teamarbeit klare, von allen Gruppenmitgliedern verstandene und geteilte Ziele sind. Aus der Teampyramide ergibt sich dementsprechend eine klare Entwicklungslogik von Gruppenarbeit: Wenn das Team zielorientiert arbeitet, dürften auch die Aufgaben angemessen bewältigt werden. Wechselseitiges Vertrauen und Respekt werden eher eintreten, wenn keine Zielkonflikte auftreten und die Arbeit erfolgreich bewältigt wird. In der Summe dürfte dies zur verstärkten Verantwortungsübernahme der einzelnen Gruppenmitglieder führen.

Forming, Norming, ...? Von wegen!

Mit diesem Phasenablauf bieten die Gruppenreflexivitätstheorie und ihre empirische Überprüfung an „echten" Arbeitsgruppen (Kauffeld 2001, S. 136 ff.) ein überzeugenderes Phasenmodell als das gerade im Schulfeld unkritisch rezipierte Modell von Tuckman (1965, zit. nach Simon 2003), das vorwiegend auf Daten von Trainings -und Therapiegruppen basiert. Den Kern dieses Modells bildet die Abfolge von vier Schritten im Sinne einer Weiterentwicklung: Forming, Storming, Norming und Performing.

Das Verlaufsmodell von Tuckman hat so evidente Schwächen, dass man sich wundert, wie häufig es nach wie vor zitiert wird – oder als Methode der sogenannten „Teamentwicklungsuhr" eingesetzt wird: Tuckman selbst hat auf die Schwächen seines Modells hingewiesen. Simon (2003, S. 39) fasst diese „Selbstkritik" wie folgt zusammen: „Es handelt sich (...) lediglich um eine theoretische Konzeptionalisierung, die stark geprägt ist von den im Datenmaterial überrepräsentierten Therapie- und Trainingsgruppen, so dass eine Generalisierung auf Arbeitsgruppen schwierig ist. Nicht nur, dass er die Generalisierung infrage stellt, sondern er macht auch selbst auf die dem analysierten Datenmaterial zugrunde liegenden methodischen Schwächen aufmerksam." Andere, neuere Studien, die Simon (a. a. O., S. 52) referiert, konnten belegen, dass es durchaus Arbeitsgruppen gibt, die von vorn herein produktiv zusammenarbeiten, ohne der Logik des Performance – Entwicklungsmodells von Tuckman zu folgen. Simon (a. a. O., S. 53) kommt allerdings andererseits zu der wiederum empirisch abgesicherten Kernthese: „Eine grundlegende Voraussetzung effektiver Zusammenarbeit sind tragfähige zwischenmenschliche Beziehungen zwischen den Gruppenmitgliedern."

Von dieser wissenschaftlichen Warte einmal ganz abgesehen: Ganz offensichtlich gibt es Gruppen, die noch nie die „Storming" – Phase durchlaufen haben – und wer kennt nicht Teams, in denen es permanent „kracht". Dass auch Gruppen existieren, denen das Glück des optimalen „Performing" nicht vergönnt ist, dürfte auch klar sein. Diese Beobachtungen bedeuten nun keineswegs, dass Teamprozesse nicht bestimmten, sozialpsychologischen Gesetzmäßigkeiten unterliegen, die in Phasenverläufen beschrieben werden können. Nur: Es gibt neben dem Tuckman – Ansatz weitere Phasenmodelle, von denen die Teampyramide aufgrund ihres validen, empirischen Hintergrunds und des bestandenen Praxistests an zahlreichen Gruppen m. E. das überzeugendste Modell darstellt.

Theorie der Gruppenreflexivität als Methode: Ein Koordinatensystem zur Bestandsaufnahme

Die beiden Hauptdimensionen der Gruppenreflexivität kann man auch als ein Koordinatensystem darstellen, das es ermöglicht, die beiden Dimensionen zu verbinden, um damit den gegenwärtigen „Standort" von Teams zu beschreiben: Je nach Ausprägung auf diesen beiden Dimensionen können sich Gruppen bzw. die Teammitglieder in der Einschätzung des jeweiligen Teams den vier Quadranten zuordnen. Die folgende Abbildung 3 gibt sowohl die jeweiligen Pole als auch die daraus resultierenden Quadranten wieder:

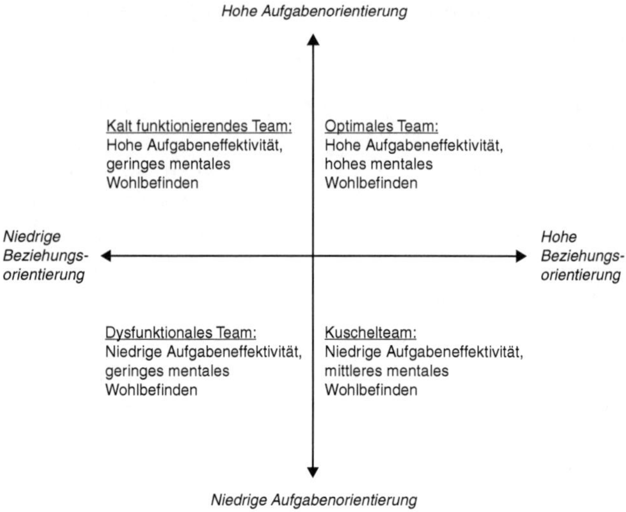

Abbildung 3: Koordinatensystem zur Aufgaben- und Beziehungsorientierung

VERTRAUEN ALS KERNRESSOURCE VON TEAMS

Wenn Menschen einander und in besonderer Weise den Leitungspersonen vertrauen, akzeptieren sie eher deren Ideen und Veränderungsvorschläge (vgl.: Gerkhardt/Frey 2006, S. 57). Dies dürfte auch für die Einführung von Teamstrukturen und multiprofessionellen Arbeitsgruppen in Schulen gelten.

In ihrer Studie „Trust in Schools" über die erfolgreiche Schulreform in Chicago beschreiben Anthony Bryk und Barbara Schneider (2002) wie wichtig Vertrauen als „Kernressource" („Core Ressource") auch in schulischen Veränderungsprozessen ist – dies bezieht sich sowohl auf die kollegiale Zusammenarbeit als auch auf den Unterricht. Sie konnten beispielsweise empirisch nachweisen, dass „vertrauensvolle Beziehungen" zwischen Lehrkräften und Schülerinnen und Schülern den stärksten Einfluss auf eine positive Leistungsentwicklung haben. Sehr differenziert arbeiten sie des Weiteren heraus, dass Vertrauen vier Elemente beinhaltet: 1) Wertschätzung: „Schätzt die Person mich?" 2) Integrität: „Steht die jeweilige Person für ihre propagierten Werte?" 3) Kompetenz: „Verfügt die Person über die notwendigen Fähigkeiten?" und 4) persönliche Rücksichtnahme: „Kümmert sich die Person um mich?" (Bryk/Schneider 2002, S. 87; Übersetzung: E.P.). In der Summe ergibt sich daraus Vertrauen als Kernressource – sowohl als Voraussetzung als auch als Ergebnis der Teamentwicklung.

Vertrauen Teil II:
Ein differenzierterer Blick

MULTIPROFESSIONELLE TEAMS BRAUCHEN SPEZIFISCHES, BERUFSBEZOGENES VERTRAUEN

Den Begriff des Vertrauens kann man indessen noch weiter ausdifferenzieren und speziell auf die multiprofessionelle Teamarbeit beziehen: Mit Melanie Fabel-Lamla (2018) lässt sich (neben dem politisch aufgeladenen Systemvertrauen) das persönliche von dem spezifischen Vertrauen unterscheiden. Das persönliche Vertrauen findet sich in Freund- und Partnerschaften und zeichnet sich beispielsweise durch Sympathie, Intimität und Verschwiegenheit aus. Demgegenüber bezieht sich das spezifische Vertrauen auf die Arbeits- und Berufswelt und beinhaltet im Wesentlichen die jeweiligen Kompetenzen, die Qualität der Arbeit sowie Zuverlässigkeit. In der Summe geht es beim berufsbezogenen Vertrauen um die Frage, ob man sich auf den Kooperationspartner auch in kritischen Situationen verlassen kann.

Im Unterschied zur Kooperation innerhalb einer Berufsgruppe lässt sich dabei in der multiprofessionellen „Zusammenarbeit von einer Zuspitzung der Vertrauensproblematk ausgehen – im Sinne einer besonderen Herausforderung der Vertrauensbildung“ (Fabel-Lamla 2018, S. 27). Es kann aber durchaus auch entlastend sein zu wissen, dass es in der multiprofessionellen Kooperation weniger auf das persönliche Vertrauen, sondern eher auf das spezifische, berufsbezogene Vertrauen ankommt. Wobei auf der Hand liegt, dass sich in der beruflichen Zusammenarbeit im Kollegium auch persönliches Vertrauen entwickeln kann, was umgekehrt ebenso gelten dürfte.

Letztendlich ist die Unterscheidung zwischen persönlichem und spezifischem, berufsbezogenem Vertrauen nur ein anderer Ausdruck der häufig ausgesprochenen Binsenwahrheit, dass man in der beruflichen Kooperation nicht jede Person lieben müsse ... So oder so geht es darum, in den diversen Teams eine berufsbezogene Vertrauenskultur zu entwickeln. Dass diese Vertrauenskultur stark von der jeweiligen Schulleitung mitgeprägt wird, dürfte auf der Hand liegen. Welches Führungsverständnis ist hier hilfreich?

EIN FÜHRUNGSVERSTÄNDNIS, DAS VERTRAUEN UND PSYCHOLOGISCHE SICHERHEIT ERMÖGLICHT

„Psychologische Sicherheit als Erfolgsfaktor für High Performing Teams“ – so lautet der Untertitel eines aktuellen Interviews mit Amy Edmondson (2018), einer sehr renommierten Harvard-Professorin, in dem sie ihr Führungskonzept differenziert darstellt. Zunächst begründet sie Notwendigkeit und Folgen einer psychologisch sicheren Situation: „In einer psychologisch sicheren Umgebung fällt es Menschen leichter, sich voll und ganz ins Team einbringen zu können. Sie können ihre Meinung offen äußern, Ideen einbringen und Fragen stellen; sie können Dinge ausprobieren, intelligente Risiken eingehen und Fehler zugeben“ (Edmondson 2018, S. 19). Gerade das vielfältige, kreative Potential multiprofessioneller Teams dürfte sich in einem psychologisch sicherem Umfeld besser entwickeln als in einer Misstrauenskultur. Ein Führungsstil, der diese psychologische Sicherheit ermöglicht, umfasst dabei die drei folgenden, sehr anspruchsvollen Dimensionen:

- Betroffene beteiligen: Dieser aus der Organisationsentwicklung bekannte Grundsatz bedeutet, dass „die Meinung jedes Einzelnen gefragt ist, und die Beteiligten sich einbringen sollten“ (a.a.O., S. 20).
- Fragehaltung der Leitung: „Führungskräfte müssen proaktiv zur Beteiligung einladen, indem sie gute Fragen stellen. (...) Sie zeigen damit, dass man nicht immer alles weiß, obwohl das viele erwarten“ (a.a.O., S. 21).
- Wertschätzung zeigen (auch gerade in kritischen Situationen, bei Bedenken oder auch Fragen): Es geht darum „grundsätzlich

positiv zu bleiben, ... wenn jemand sich die Mühe macht, das Wort zu ergreifen" (a.a.O., S. 20).

Der Führungsstil, der ein psychologisch sicheres Umfeld schafft, korrespondiert dabei stark mit systemischen Führungskonzeptionen wie sie etwa Rolf Arnold in seiner „Ermöglichungsdidaktik" beschreibt. So skizziert er in seinem Buch „Wie man führt, ohne zu dominieren" sein Führungscredo folgendermaßen: „Führungslernen braucht Menschen, die nicht dominieren wollen, sondern an den Synergien der Menschen, für die sie zuständig sind, interessiert sind" (Arnold 2015, S. 32). In eine ähnliche Richtung gehen die Überlegungen von Hans-Günter Rolff (2017, S. 40) zur „salutogenen Leitung und Führung aus dem Hintergrund."

Aus der konkreten Führungspraxis stammt ein sehr gut evaluiertes Leitungskonzept, das in einem international tätigen IT-Konzern propagiert wird, und das explizit dem Ziel der psychologischen Sicherheit verpflichtet ist. Demnach sollten Leitungspersonen die acht folgenden, anspruchsvollen Bereiche der Führung beherrschen (übersetzt nach Kohl-Boas 2017, S. 25). Die Führungskraft ...

... ist ein guter Coach,
... stärkt die Teams anstatt sich in Detailfragen einzumischen,
... zeigt Interesse am persönlichen Wohlergehen und dem Erfolg der Kolleginnen und Kollegen,
... ist produktiv und ergebnisorientiert,
... ist ein guter Kommunikator
... hat eine klare Vision und Strategie,
... hat gute organisatorische Fähigkeiten,
... unterstützt die Karriereentwicklung.

Darüber hinaus zeichnen sich diese Führungskräfte durch ein „bescheidenes Selbstbewusstsein" („Humble Self Confidence") aus: „Man weiß, was man kann, und wobei man Hilfe braucht" (a.a.O., S. 25). Im Sinne der Idee des postheroischen Managements werden hier Leitungspersonen „eher dafür verantwortlich gemacht, dass sie nicht um Hilfe gefragt haben, als wenn sie einen Fehler machen" (a.a.O., S. 25).

DIE ROLLE DER SCHULLEITUNG BEI DER TEAMENTWICKLUNG: UNTERSTÜTZUNGSSTRUKTUREN SCHAFFEN UND TEAMFÄHIGKEIT VORLEBEN („WALK-THE-TALK")

Der relativ bekannte Anglizismus „Actions speak louder than words" dürfte auch hier gelten: Wenn ein Schulleitungsteam die wertschätzende Zusammenarbeit überzeugend vorlebt, dann fällt es den Lehrkräften sicherlich leichter, sich mit dem Teamgedanken zu beschäftigen. Diese Vorbildwirkung setzt voraus, dass die Leitungspersonen ihr jeweiliges „inneres Team" (Schulz-von-Thun) als Modell und Methode der Selbstführung beherrschen. Über das eigene Vorbild im Sinne von „Walk the talk" hinaus stellen sich der Schulleitung die folgenden vier Unterstützungsaufgaben bei der multiprofessionellen Teamentwicklung im Kollegium:

Organisatorisch

Hier ist an eine fest im Stundenplan verankerte Teamstunde zu denken, an der im gesamten Haus kein Unterricht stattfindet. Ein eigener Teamraum für die Gruppe klingt möglicherweise utopisch, ist aber selbst in dürftig ausgestatteten Schulen möglich, wie ich in einigen Beratungssituationen sehen konnte.

Fortbildung

Zur Einführung von Teamarbeit in einem Kollegium kann als Basisvoraussetzung gelten, dass entsprechende Fortbildungen angeboten werden. Als Einstieg bietet sich ein Pädagogischer Studientag an, der sich mit den Grundlagen und dem Handwerkszeug der Teamentwicklung beschäftigt. Neben Fachvorträgen zu den Erfolgsfaktoren sollten in einer solchen Veranstaltung die folgenden fünf Fragen, die sich in meiner Fortbildungstätigkeit sehr bewährt haben, bearbeitet werden:

Leitfragen zum Stand der Teamentwicklung im Kollegium:

- Welche Teamstrukturen sind schon vorhanden?
- In welchen Bereichen brauchen wir mehr Teamentwicklung?
- Wie könnte diese Teamarbeit aussehen (Voraussetzungen, Organisation, Struktur)?
- Wie könnte Teamarbeit von der Schulleitung unterstützt werden?
- Weitere Ideen zur Verbesserung der Zusammenarbeit im Kollegium?

Feedback

Eine positive Würdigung von Erfolgen bei der Umsetzung der Teamentwicklung gehört sicherlich zu den wichtigsten Unterstützungsfunktionen der Schulleitung. Das althergebrachte Führungsmotto „Mein Schweigen ist Lob genug“ ist hier völlig deplatziert.

Führungsleitbild

Eine weitere Möglichkeit Teamarbeit im Kollegium zu verankern, bietet das Führungsleitbild, womit die Unterstützungsaufgabe der Schulleitung quasi „offiziell“ verschriftlicht wird. So lautet beispielsweise der erste Führungsgrundsatz des Berufskollegs

Steinfurt in Nordrhein – Westfalen: „Teambildung und Teampflege“. Und bei den erläuternden Stichworten heisst es: „Der Einsatz in professionellen Lerngemeinschaften soll die Motivation für das gemeinsame Ziel fördern. (...) Schaffung von notwendigen Rahmenbedingungen (Materielle Maßnahmen, zeitliche Freiräume). Rollen im Team offen diskutieren.“

INSTRUMENTE UND REGELN DES SITZUNGSMANAGEMENTS: WIE DIE QUALITÄT VON TEAMBESPRECHUNGEN VERBESSERT WERDEN KANN

Nicht selten wird von Lehrkräften die Qualität von Besprechungen und Teamsitzungen bemängelt: Zu lange, ineffektive Sitzungen, keine klaren Beschlüsse oder unprofessionelle Moderation sind häufig genannte Kritikpunkte. Gerade der Einsatz von neueren Ideen zum Sitzungsmanagement kann hier mitunter Abhilfe schaffen:

Kleines 1x1 des Sitzungsmanagements: Sitzungs-Canvas nutzen

Die „Basics" für gelungene Teambesprechungen finden sich in den folgenden fünf Punkten, die man auch als die „Klassiker" des Sitzungsmanagements bezeichnen könnte:

- Ziele der Zusammenkunft klären
- Rahmenbedingungen klären (Räume, Zeit, Pausen)
- Erstellung einer gemeinsamen Tagesordnung
- Visualisierung der TOP: Sitzungs-Canvas (siehe Abbildung 4)
- Keine Besprechung ohne Schlussblitzlicht

Der Sitzungs-Canvas, der auf einem Flip-Chart oder mit einem Beamer dargestellt werden kann, visualisiert auf einen Blick die wichtigsten Aspekte einer effektiven Teambesprechung, so dass alle Gruppenmitglieder den Stand der Beratung immer direkt vor Augen haben (Eppler 2016, S. 24). Das wichtigste an der Sitzungs-Leinwand ist neben dem Aktionsplan der To-do-Liste die gemeinsam erstellte Tagesordnung im Zentrum des Canvas: Hier entwickelt sich der rote Faden der Teambesprechung, der als „Agenda-Tracker“ dafür sorgt, dass man sich nicht verzettelt oder argumentativ im Kreis dreht.

Wenn etwa jemand vom Thema abkommt, zeigt der visuelle Tracker, welcher Tagesordnungspunkt gerade zur Debatte steht und welcher als nächster drankommt. Darüber hinaus hat die Leinwand den Vorteil, dass mit ihren sechs Bereichen gleichzeitig das Ergebnisprotokoll der multiprofessionellen Teambesprechung erstellt werden kann.

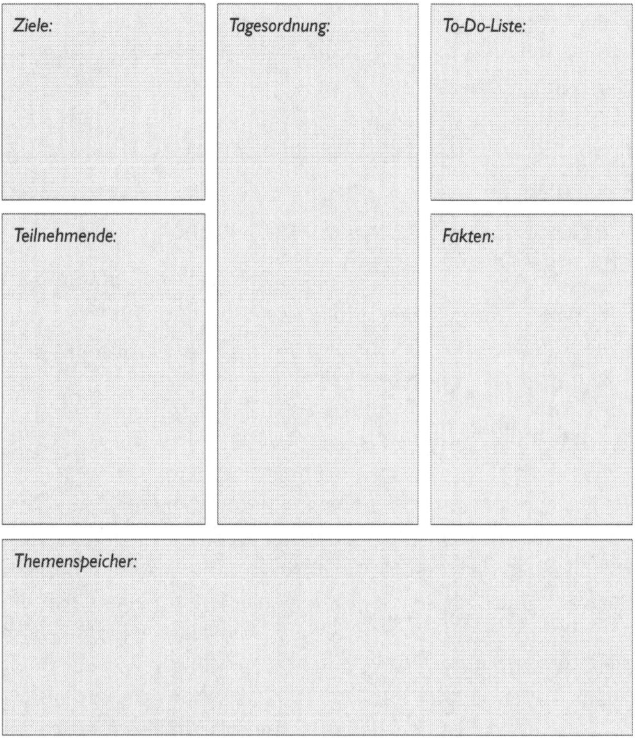

Abbildung 4: Sitzungs-Canvas

Besprechungsregeln für kreative und effektive Sitzungen: Mit Augenmaß „Überdosierung" vermeiden

Während die fünf Regeln aus dem „Kleinen 1x1 des Sitzungsmanagements" eher die Basisvoraussetzungen einer effektiven Teamsitzung darstellen, beziehen sich die folgenden Besprechungsregeln auf das Verhalten der Gruppenmitglieder während einer Besprechung. Wichtig ist hier der Hinweis, dass diese acht Punkte Ideen bzw. Angebote für Teams sind, aus denen sie sich die für ihre Arbeit wichtigen Regeln auswählen können – gleichsam wie die Zusammenstellung eines Menüs. Hier ist kluges Augenmaß gefragt: Auf keinen Fall sollten Arbeitsgruppen sich von Anfang an allen Regeln verpflichtet fühlen, was zu einer absoluten „Überdosierung" von Spielregeln gegenüber der inhaltlichen Arbeit führen würde. Dies wäre reichlich viel an „Metaebene"!

Optimal gestaltet sich die Teamarbeit mit drei bis fünf Besprechungsregeln; welche das sind, hängt sicherlich von der Aufgabe, der Gruppenzusammensetzung und der Dauer der Zusammenarbeit ab. So benötigen etwa langfristig angelegte Teamkonstellationen wie Steuergruppen und Schulleitungsteams andere Regeln als beispielsweise zeitlich befristete Projektgruppen, die sicherlich auch ohne ein Regelwerk auskommen sollten.

- Wir kommen pünktlich zu den Teambesprechungen
- Keine Monologe halten (2-Minuten-Regel)
- Per „Ich" sprechen (statt „man" oder „wir")
- Bewertungen erst geben, wenn verlangt
- „Baby Writer"-Regel: Die jüngsten oder „neuen" Mitglieder können ihre Ideen zuerst einbringen
- Protokoll-Regel: Wir protokollieren jede Teamsitzung in Bezug auf die behandelten Punkte, Entscheidungen und To Do's („Sitzungs-Canvas")
- Wir respektieren die Zeit unserer Kolleginnen und Kollegen und beenden die Besprechungen zum verabredeten Zeitpunkt
- Sitzungsschulden sind Ehrenschulden: Wir setzen um, was wir beschlossen haben!

Achtsame Kommunikation in Besprechungen: „Mindful Meetings“ gestalten

Mit den „Achtsamkeitsprinzipien der Kommunikation“ von Kai Romhardt (Romhardt 2016, S. 17 ff.) liegen sehr anspruchsvolle Spielregeln vor, die es Stück für Stück einzuüben gilt. Ähnlich wie bei den acht Besprechungsregeln ist auch bei den sechs Regeln zur Achtsamkeit ein leichter Anfang wichtig: Multiprofessionelle Teams sollten zunächst mit zwei, maximal drei Achtsamkeitsprinzipien erste Erfahrungen sammeln, um dann ihr Repertoire in Sachen Mindfulness behutsam zu erweitern.

Die Fähigkeit zuzuhören, ohne zu bewerten (Anstatt: „Downloaden“)

Dies bedeutet, dass die weithin bekannten Bewertungsmentalitäten möglichst niedrig gehalten werden. Dies heißt in der Praxis, dass die Gruppenmitglieder wirklich empathisch zuhören und nicht „herunterladen“, was eine Art Taubheit zweiter Ordnung darstellt. „Wir üben uns im Singletasking“ (a. a. O., S. 18), konzentrieren uns ganz auf die sprechende Person und versuchen, unsere Assoziationen und Gedankenketten zu kontrollieren.

Gemeinsames Innehalten („Silent Start“)

Häufig beginnen Teamsitzungen, wenn alle Beteiligten zwar körperlich anwesend, aber mental noch ganz woanders unterwegs sind. Von daher der Vorschlag: „Beginnen wir ein Meeting mit 30 Sekunden Stille, haben alle Beteiligten die Chance, im neuen Kreis anzukommen und innerlich alle noch geöffneten Fenster zu schließen“ (a. a. O., S. 18). Kai Romhardts Idee dürfte vielleicht zunächst von der einen oder anderen Lehrkraft als weltfremde Anmutung empfunden werden, aber auch hier gilt: Einfach einmal ausprobieren und sich darauf einlassen ...

Impulsdistanz kultivieren

Viele Menschen – auch Lehrkräfte oder Schulleitungen – sind sehr stark auf „Senden“ geschaltet. In der extremen Ausprägung: „Es ist zwar schon alles gesagt worden, aber noch nicht von mir.“

Impulsdistanz ist das Gegenteil einer solchen Haltung: „Einen Impuls wach wahrzunehmen und ihn nicht automatisch auszuagieren, ist Ausdruck großer Freiheit. Und weises Kommunikationsverhalten“ (a. a. O., S. 18). Allerdings muss dieses zunächst ungewohnte, defensive Kommunikationsverhalten – so meine Ergänzung – eingeübt und trainiert werden, was Zeit benötigt.

Verantwortung für sich und seine Sprache übernehmen
Mit Sprache sensibel umzugehen, ist sicherlich eine hohe Kunst: „Wir können auf 137 verschiedene Art und Weise ein Meeting mit einem ‚Guten Morgen‘ eröffnen. Abhängig von dem Wie unserer Aussprache kann unser Morgengruß eine Gruppe erfreuen, verängstigen, erschrecken oder entspannen“ (a. a. O., S. 18). Jedes Teammitglied sollte sich daher um seine „Gedanken und Gefühle kümmern und Verantwortung für diese übernehmen“ (a. a. O., S. 18).

Das rechte Maß finden
Damit ist die relativ banale Tatsache gemeint, dass es in vielen Organisationen respektive Schulen zu viele und zu lange Besprechungen oder auch Konferenzen gibt – ein Tatbestand, der ja auch häufig beklagt wird. „Mindful Meetings“ zu gestalten, bedeutet in der Konsequenz in der Gruppe darüber nachzudenken, ob Zahl und Dauer der Sitzungen nicht ohne Qualitätsverlust reduziert werden können. Schließlich hat Kai Romhardt beobachtet: „In meiner Erfahrung sind Meetings, die im Geiste der Achtsamkeit stattfinden, häufig erfreulich kurz“ (a. a. O., S. 18).

Ethische Leitplanken: Regeln und Rituale vereinbaren und leben
In vielen Besprechungen dominieren eher unbewusste Regeln, heimliche Tagesordnungen und die ungeschriebenen „Do’s and Dont’s“ der innerschulischen Kommunikation. Demgegenüber gilt die „Vereinbarung von Rollen, Ritualen und Zeitspannen (...) als ein wesentlicher Erfolgsfaktor für ein fruchtbares Miteinander“ (a. a. O., S. 19). Zur Vereinbarung dieser kommunikativen Leitplanken können sich Teams – wie hervorgehoben – an den oben dargestellten Besprechungsregeln selektiv orientieren!

KOMMUNIKATION IM TEAM: VOM „RUNTERLADEN" ZUM „SCHÖPFERISCHEN ZUHÖREN"

> „Seems I'm talking my whole life, it's time I listen now" (Mike Rosenberg „Passenger").

In seinem vielbeachteten Managementbuch „Theorie U – Von der Zukunft her führen" entwickelt Claus-Otto Scharmer, Soziologe am MIT in Boston, eine Kommunikationstheorie, die sich auch sehr gut für Prozesse der Teamentwicklung eignet (Scharmer 2009, S. 124 f.). Im Zentrum dieses Kommunikationsmodells stehen vier unterschiedliche Formen des Zuhörens, die aber durchaus viel weitergehender als mentale Modelle betrachtet werden können, die unser Handeln über die Kommunikation hinaus bestimmen. Diese „kommunikativen Entwicklungswege" (a. a. O., S. 37) sind nämlich entscheidend dafür, wie wir mit Veränderungsanforderungen in unserem (auch schulischen) Umfeld umgehen (siehe: Abbildung 5).

Zuhören 1: Runterladen („downloaden")

Eine sehr verbreitete Form des Zuhörens stellt das „Downloaden" dar, bei dem unreflektiert die eigene Meinung bestätigt wird: „Ist schon klar, weiß ich schon, kenne ich auch ..." Hiermit werden eigene Denkgewohnheiten verfestigt (Scharmer 2009, S. 35), wohingegen die etwa im systemischen Ansatz propagierten „sanften Irritationen" oder gar neue Ideen ausgeschlossen werden. Das „Runterladen" ist letztendlich ein „Muster der Vergangenheit" (ebd., S. 124). Als kommunikativer Entwicklungsweg beschreibt es eher eine gedankliche Sackgasse, die Veränderung oder Lernen und damit Weiterentwicklung nicht zulässt.

Zuhören 2: Debatte („open mind")

Dieses kommunikative und mentale Modell ist handlungsleitend bei Debatten und Streitgesprächen, die ein faktenbezogenes und fokussiertes Zuhören verlangen („open mind"). Zuhören des Typs 2 „ist der Grundmodus der Wissenschaft. Sie stellen Fragen und beobachten sorgfältig, welche Antworten Ihnen z. B. die Natur gibt" (ebd., S. 35). Es werden Fragestellungen formuliert, Hypothesen entwickelt und überprüft.

Zuhören 3: Dialog („open mind and open heart")

Bei dieser Form des Zuhörens verschiebt sich unsere Wahrnehmung: Wir hören nicht nur mit „offenem Geist", wir nutzen auch die „Intelligenz des Herzens" (ebd., S. 36), indem wir uns in einen anderen Menschen oder in eine Gruppensituation hineinversetzen. Empathisches Zuhören heißt „nicht der eigenen inneren Stimme zuzuhören, sondern dem, was der jeweils andere wirklich sagt" (ebd., S. 386). Aus dem Zuhören könnte hier ein zugewandtes, empathisches Hinhorchen werden – in Abwandlung des bekannten Exupéry-Zitats: „Man sieht nicht nur mit dem Herzen besser, man hört auch mit dem Herzen besser."

Zuhören 4: Schöpferisches Zuhören („flow")

Diese sehr anspruchsvolle Kommunikationsform ist ein Zuhören aus dem entstehenden Zukunftsfeld. Damit „befinden wir uns in einem anderen, gesteigerten Zustand der Aufmerksamkeit" (Scharmer 2009, S. 36). Eine weitere Definition dazu lautet: „Anwesend werden in einer höchsten zukünftigen Möglichkeit" (ebd., S. 37). Diese Beschreibung verdeutlicht, dass das schöpferische Zuhören durchaus auch spirituelle Aspekte beinhalten kann.

Das schöpferische Zuhören ermöglicht magische Momente und „Gipfelerlebnisse", die sich zum Teil einer sprachlichen Darstellung entziehen. Man könnte hier auch von „der Entdeckung des gemeinsamen Grundes" sprechen, womit künftige Entwicklungschancen in den Blick genommen werden.

Aus der entstehenden Zukunft führen: Bildung eines kreativen Kernteams

Diese Entwicklungschancen aufzunehmen, kann als sehr anspruchsvolle Teamaufgabe begriffen werden. Dazu ist es notwendig, „eine Konstellation von Akteuren zu versammeln, die

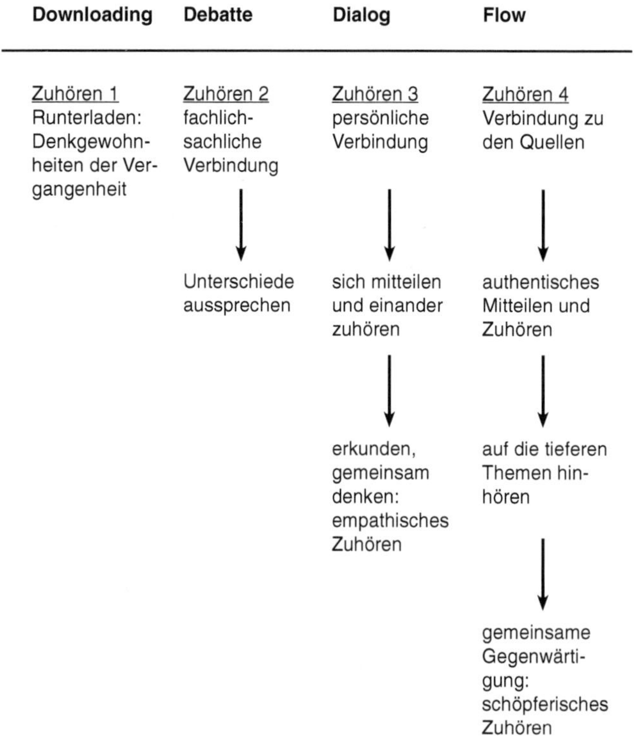

Abbildung 5: Eine Karte kommunikativer Entwicklungswege

sich gegenseitig brauchen, um den Schritt in das Feld der Zukunft zu unternehmen“ (Scharmer 2009, S. 387).

Dass Veränderungsprozesse über Personen laufen, ist sicherlich eine Binsenweisheit. Entscheidend für den Erfolg eines Innovationsteams ist die richtige Passung der unterschiedlichen Persönlichkeiten und Rollen – in der zutreffenden Formulierung von Scharmer (2009, S. 389): „Wessen es bedarf, ist, dass die richtigen Leute zur richtigen Zeit am richtigen Ort zusammenkommen“. Nur: Wie schafft man es, die „richtigen Leute zur richtigen Zeit am richtigen Ort“ zusammenzubringen? Scharmers Antwort ist ein Leitfaden in Form einer Checkliste, die bewusst als persönliche „Ansprache“ in der zweiten Person Singular formuliert ist (a. a. O., S. 390).

Checkliste: Sieben Grundsätze zur Bildung eines kreativen Kernteams

- Benötigt wird zunächst eine Vision oder auch Intention, die andere Menschen überzeugen kann.
- Vertraue der „Intelligenz deines Herzens“, wenn es darum geht, die richtigen Menschen zu finden oder auch Möglichkeiten zu erkunden.
- Suche das professionelle und persönliche Gespräch mit den anderen Akteuren: Versuche dich mit ihren besten Zukunftsmöglichkeiten zu verbinden.
- Wenn ein Kernteam gebildet wird, beziehe die wichtigen Menschen im Umfeld mit ein: Dies können beispielsweise Sponsoren und Entscheidungsträger sein, die ein starkes Interesse an dem jeweiligen Zukunftsthema haben.
- „Bringe Aktivisten in die Kerngruppe, d. h. Leute, die alles dafür geben würden, dass das Projekt klappt. Ohne diese persönliche Herzensqualität, Leidenschaft und Verbindlichkeit entsteht nie irgendetwas radikal Neues“ (a. a. O., S. 390). (Diese beiden Sätze könnten das Motto jedweder Veränderungsstrategie sein!).
- Beziehe auch Akteure ein, die im Moment nicht direkt von dem Thema/Problem betroffen sind, die es aber mittelbar angehen könnte.

ZWÖLF ERFOLGSFAKTOREN DER MULTIPROFESSIONELLEN TEAMENTWICKLUNG

„Some groups are more groupy than others"
(Bernard A. Nijstad)

Aus der Gruppenforschung (Comelli 2003) und eigenen Beratungserfahrungen mit Schulen lassen sich zwölf Erfolgsfaktoren herausarbeiten, an denen sich multiprofessionelle Teams orientieren können, um das geniale Potential einer Gruppe zu entwickeln.

Die Gruppe braucht einen unterstützenden Beziehungsrahmen

Dies bedeutet, dass im Team eine konstruktive Streitkultur (statt „Friedhöflichkeit"; W. Schley) vorherrscht, die sich – wie weiter oben gezeigt – durch Vertrauen und Wertschätzung auszeichnet.

Das Team braucht ein Ziel

Eine erfolgreiche Gruppe hat eine klare Zielorientierung, vielleicht auch eine Vision vor Augen. In diesem Sinne verwenden erfolgreiche Teams einige Zeit damit, sich über ihre Ziele klar zu werden, was in den Originalstudien als „Purposing" bezeichnet wird. Ob Ziele von aussen gesetzt werden oder von der Gruppe selbst festgelegt werden, wesentlich für den Teamerfolg ist es, dass die Zielsetzungen anerkannt und als wichtig erachtet werden. Dies ist sicherlich dann eher zu erwarten, wenn die Gruppe an der Zielformulierung beteiligt wird.

Die Gruppe braucht eine klare Aufgaben- und Rollenverteilung

Aufgaben werden im Team nach Fähigkeiten und Interessen verteilt. In der optimalen Gruppenzusammensetzung finden sich neun Rollen – wie sie von Belbin empirisch ermittelt wurden: Diese Rollen reichen von strategischen Ideengebern über moderative Teamworker bis hin zu zuverlässigen Systematikern (vgl.: ausführlicher in Philipp 2014, S. 23 f.).

Das Team braucht Kommunikation und Feedback

Ein wichtiges Handwerkszeug für die Kommunikation in effizienten Gruppen ist angemessenes Feedback nach dem schönen Motto: „Feedback is the breakfast for Champions"!

Die Gruppe braucht (wechselnde) Leitung

In einem guten Team ist das Bewusstsein vorhanden, dass ergebnisorientiertes und zeiteffizientes Arbeiten (Sitzungs-) Leitung voraussetzt. Diese Leitungsaufgabe bezieht sich im wesentlichen auf die Vorbereitung, Moderation und Auswertung von Gruppensitzungen, ist also nicht mit den Aufgaben der Schulleitung zu verwechseln.

Das Team braucht (relative) Autonomie und Rahmensetzung

Ein erfolgreiches Team braucht beides: Sowohl Zeit und Raum, sich zu finden und zu organisieren, als auch klare Setzungen in Form von Arbeitsaufträgen oder Abgabeterminen. Dies ist ohne Zweifel ein Spannungsfeld, das alle Gruppenmitglieder, aber insbesondere die Teamleitung im Blick haben sollten.

Die Gruppe braucht Sitzungsmanagement

Eine sehr einfache Form eine Besprechung zu strukturieren ist die Rahmung von Sitzungen: a) zunächst werden die Prozessfragen geklärt (Besprechungsdauer, Protokoll u. ä. m.); b) es folgt die inhaltliche Abarbeitung der Tagesordnung und schließlich c) erfolgt die Prozessauswertung (Sitzungsblitzlicht, Vorschläge zur Tagesordnung der nächsten Besprechung).

Das Team braucht materielle und immaterielle Unterstützung

Zur materiellen Unterstützung gehören Fortbildung (beispielsweise in Moderationstechniken und Projektmanagement) und möglicherweise auch Entlastungsstunden. Hinzu kommt die nicht zu vernachlässigende immaterielle Unterstützung in Form von Lob, positivem Feedback und Wertschätzung – insbesondere von der Schulleitung (siehe: weiter oben).

Die Gruppe braucht schnelle Erfolgserlebnisse („Quick wins")

Das Team benötigt, um eine stabile Motivation aufzubauen, kurzfristige Zwischenergebnisse. Ich arbeite hier gern mit Erfolgskriterien aus der Organisationsentwicklung, die ich erweitert habe und die sechs „S" nenne. Gruppen können sich mithin an den folgenden Punkten orientieren: Es geht erstens um schnelle Erfolge (beispielsweise in einem Schulhalbjahr), zweitens um sichere Erfolge, die drittens möglichst für alle Beteiligten sichtbar sind. Viertens und fünftens wissen wir ebenfalls von der Organisationsentwicklung, dass man bei Schwächen und Stärken ansetzen sollte; werden hingegen nur Probleme und Schwächen von einer Gruppe thematisiert, dann wird das in Gang gesetzt, was Oskar Negt den „depressiven Zirkel" nennt. Schließlich sollten sechstens Siege gefeiert, die Erfolge also angemessen gewürdigt werden.

Wenn Erfolge ausbleiben, beginnen Selbstzweifel im Team Platz zu greifen, die sich in Fragen der Existenzberechtigung oder dem Sinn der gemeinsamen Arbeit unterschwellig ausbreiten. Dies kann eine Gruppe dann deutlich schwächen.

Das Team braucht Handlungskonsequenzen

Die gemeinsame Erarbeitung von Aktivitätenkatalogen und Aktionsplänen schafft eine bessere – wie die Planungsforscher sagen würden – „Implementationstreue“ als allgemeine Absichtserklärungen. Oder als Buchstabenspiel: An die Stelle der unverbindlichen „Drei-M-Methode“ („Man müsste mal ...“) tritt das verbindlichere Commitment des „WWW“ des Aktionsplans; nämlich: „Wer tut etwas? Mit wem? Und bis wann?“

Die Gruppe braucht eine Balance zwischen der Aufgaben- und Beziehungsorientierung

Im Sinne der Gruppenreflexivitätstheorie von West (siehe: weiter oben) ist einem erfolgreichen Team bewusst, dass Gruppenprozesse die Austarierung zwischen der Aufgabenerledigung und dem sozialen Klima berücksichtigen sollten. Methodisch findet diese Balance ihren Ausdruck in dem Koordinatensystem „Was sind wir für ein Team?“, das in der Abbildung 3 zu sehen ist.

Das Team braucht Selbstreflexion

Wenn Gruppen den viel beschworenen Synergieeffekt umsetzen wollen, brauchen sie bewusste und relativ regelmäßige „präventive Wartung“ (Doppler/Lauterburg) in Form von selbstorganisiertem und methodengestütztem Team – Feedback – als eine Variante der Metakommunikation. Eine sehr gute Methode, diese Teamreflexion in Eigenregie durchzuführen, liegt etwa mit dem weiter oben dargestellten Koordinatensystem vor (siehe: Abbildung 3); drei weitere Instrumente stelle ich im Folgenden vor.

METHODEN ZUR REFLEXION IM TEAM

Im Einzelnen geht es um den Teamdiagnose-Bogen, den Fragebogen zur Messung des Teamgeistes und die Mikromethode „Keep, Start, Stop“:

Der Teamdiagnose-Bogen mit vier Ansatzpunkten der Teamentwicklung

Als erster Fragebogen, mit dem sehr gut eine „datengestützte“ Reflexion in der Gruppe möglich ist, soll hier ausführlicher der „Teamdiagnose – Bogen“ vorgestellt werden. Er beruht auf dem „Kasseler Fragebogen zur Arbeit im Team“ (FAT, vgl.: Kauffeld 2001, S. 127 ff.). Der FAT, der ursprünglich 22 Aussagen enthält, ist von mir auf 11 Items gekürzt und um zwei offene Fragen ergänzt worden. Dieser Bogen hat den Vorzug, dass er sowohl praxistauglich ist als auch wissenschaftlichen Ansprüchen genügt.

Die elf geschlossenen Aussagen des Teamdiagnose – Bogens bilden die folgenden vier, für den Erfolg der Gruppenarbeit zentralen Dimensionen ab, die der weiter oben ausführlicher dargestellten Theorie der Gruppenreflexivität entspringen: Die „Kasseler Teampyramide“ hat diese Dimensionen bereits verdeutlichen können. Ich ordne sie hier der Theorie der Gruppenreflexivität zu und nenne die jeweiligen Fragebogen – Items (s. den Teamdiagnose-Bogen weiter unten: Abbildung 6):

Aufgabenbezogene Reflexivität:
- Zielorientierung: Item 1 bis 3
- Aufgabenbewältigung: Item 4 und 5

Soziale Reflexivität:

- Zusammenhalt: Item 6 bis 9
- Verantwortungsübernahme: Item 10 und 11

Im Rahmen der Teamreflexion sind diese vier Dimensionen gleichzeitig Ansatzpunkte für Maßnahmen der Teamentwicklung – je nach Ausprägung der Befragungsergebnisse. Dabei sind prinzipiell drei Ergebnisausprägungen möglich: Haben alle Team-

Teamdiagnose-Bogen

1	Uns sind die Ziele des Teams unklar.	○○○○○○	Die Ziele unseres Teams sind uns klar.
2	Ich identifiziere mich nicht mit den Zielen des Teams.	○○○○○○	Ich identifiziere mich mit den Zielen des Teams.
3	Unsere Ziele sind unrealistisch und unerreichbar.	○○○○○○	Unsere Ziele sind realistisch und erreichbar.
4	Die Teammitglieder wissen nicht genau, was sie zu tun haben	○○○○○○	Die Ziele unseres Teams sind uns klar.
5	Informationen werden oft zu spät ausgetauscht.	○○○○○○	Informationen werden rechtzeitig ausgetauscht.
6	Einige denken zu viel an sich selbst.	○○○○○○	Das Team steht im Mittelpunkt und nicht der Einzelne.
7	Es gibt Konkurrenz zwischen den Teammitgliedern.	○○○○○○	Konkurrenz zwischen Teammitgliedern ist kein Thema.
8	Wir reden nicht offen und frei miteinander.	○○○○○○	Wir reden offen und frei miteinander.
9	Wir behalten wichtige Informationen für uns.	○○○○○○	Wir bringen alle Informationen in unser Team ein.
10	Wir denken selten über Verbesserungen nach.	○○○○○○	Wir denken ständig über Verbesserungen nach.
11	Die Teammitglieder vermeiden es, Verantwortung zu übernehmen.	○○○○○○	Die Mitglieder übernehmen Verantwortung.

12 Was sind die „Schätze“ dieses Teams, die wir unbedingt bewahren sollten?

....

....

13 Was gefällt mir an diesem Team überhaupt nicht?

....

....

Abbildung 6: Der Teamdiagnose-Bogen

mitglieder eher „positiv“ geantwortet besteht offensichtlich kein Handlungsbedarf. Haben die meisten Gruppenmitglieder eher in Richtung des negativen Pols geantwortet – der „rote“ Bereich – ist ganz offenkundig ein massiver Handlungsbedarf vorhanden. Schließlich der „orangefarbene“ Bereich: Hier haben die Teammitglieder sehr heterogen geantwortet; „negative“ und „positive“ Ergebnisausprägungen halten sich die Waage. Bevor in dieser Situation der sehr unterschiedlichen Bewertungen der Teamarbeit gehandelt werden kann, ist zunächst Diskussionsbedarf darüber vorhanden, wie es zu diesen Wahrnehmungsunterschieden der einzelnen Teammitglieder kommt; danach sollten entsprechende Handlungskonsequenzen aus dieser Diskussion gezogen werden. Dies bedeutet, dass die Gruppen jeweils Aktionspläne zur Verbesserung der Zielerreichung, der Aufgabenbearbeitung, der Gruppenkohäsion und der Übernahme von Verantwortung formulieren können.

Fragebogen zur Messung des Teamgeistes („Teamness“)

Ursprünglich für die Prozessbegleitung von Top-Management-Teams (TMT) entwickelt (Raes, 2016, S. 36 ff.), liegt mit dem folgenden Instrument ein weiterer, auch für schulische Arbeitsgruppen gut einsetzbarer Fragebogen vor. Die drei Hauptdimensionen, die den Teamgeist („Teamness“, Raes, 2016, S. 38) ausmachen, sind: Das Verhalten in der Zusammenarbeit/Unterstützung, der Informationsaustausch und die gemeinsame Entscheidungsfindung – allesamt Aspekte, die auch in vielen schulischen Teams bedeutsam sein dürften. Bei meiner Arbeit mit schulischen TMT, also Schulleitungsteams und Steuergruppen, hat sich der Einsatz dieses Instrumentes mit seinen neun Items gut bewährt (siehe Abbildung 7).

Fragebogen zur Messung des Teamgeistes

Ist Ihr Team ein Team?

Sind Sie daran interessiert, den Teamgeist-Faktor Ihres Teams zu messen? Wenn ja, gibt es dazu ein anerkanntes Instrument, das Zeki Simsek und Kollegen 2005 entwickelt haben. Es basiert auf der Operationalisierung des Meta-Konstrukts der «Verhaltensintegration» von Donald Hambrick und hilft anhand konkreter Dimensionen eine Einschätzung der Interaktionsintensität und -qualität eines Teams zu generieren. Ihre Antworten können Sie mit anderen Mitgliedern des Teams abgleichen und prüfen, bei welchen Fragen Sie zustimmen oder abweichen. Im Anschluss kann darüber gesprochen werden, welche Maßnahmen hilfreich wären, um eine positive Entwicklung auszulösen.

	stimmt gar nicht	wenig	ziemlich	stimmt voll und ganz
Verhalten in der Zusammenarbeit / Unterstützung Auf einer Vier-Punkte-Skala von 1 («Ich stimme überhaupt nicht zu») bis 4 («Ich stimme völlig zu»): Schätzen Sie bitte ein, wie sehr Sie den folgenden Statements zum Verhalten Ihres Teams in den vergangenen zwei Jahren zustimmen:				
1. Wenn ein Teammitglied viel zu tun hat, helfen die anderen Teammitglieder ihm bei der Bewältigung seiner Arbeit.	○	○	○	○
2. Dass die Mitglieder des Teams sich in ihren Verantwortungsbereichen gegenseitig vertreten können, erleichtert vieles für sie.	○	○	○	○
3. Die Mitglieder des Teams helfen sich gegenseitig bei komplexen Aufgaben und der Einhaltung von Abgabeterminen.	○	○	○	○
Informationsaustausch Denken Sie an Situationen in den vergangenen zwei Jahren, in denen Ihr Team wichtige Entscheidungen für die Zukunft Ihrer Schule getroffen hat. Auf der Vier-Punkte-Skala: Schätzen Sie bitte ein, wie sehr Sie den folgenden Aussagen zum Verhalten Ihres Teams zustimmen:				
1. Die Ideen, die die Mitglieder des Teams diskutieren, sind sehr gut.	○	○	○	○
2. Die Lösungen, die die Mitglieder des Teams diskutieren, sind sehr gut.	○	○	○	○
3. Der Dialog zwischen den Mitgliedern des Teams führt zu einem hohen Maß an Kreativität und Innovation.	○	○	○	○
Gemeinsame Entscheidungsfindung Auf der Vier-Punkte-Skala: Schätzen Sie bitte ein, wie sehr Sie den folgenden Aussagen zum Verhalten Ihres Teams in den vergangenen zwei Jahren zustimmen:				
1. Die Mitglieder des Teams informieren sich gegenseitig, wenn ihre Handlungen die Arbeit anderer Teammitglieder beeinflussen.	○	○	○	○
2. Die Mitglieder des Teams verstehen die arbeitsbezogenen Probleme und Bedürfnisse der anderen Mitglieder sehr gut.	○	○	○	○
3. Die Mitglieder des Teams kommunizieren für gewöhnlich ihre Erwartungen aneinander.	○	○	○	○

Bearbeitung: Elmar Philipp

Abbildung 7: Fragebogen zur Messung des Teamgeistes

In der folgenden Darstellung (Abbildung 8) habe ich versucht, die drei Hauptdimensionen des Fragebogens („Interne Teamfaktoren“) ergänzt durch weitere Faktoren in ihrem Einfluss auf die Teamqualität darzustellen:

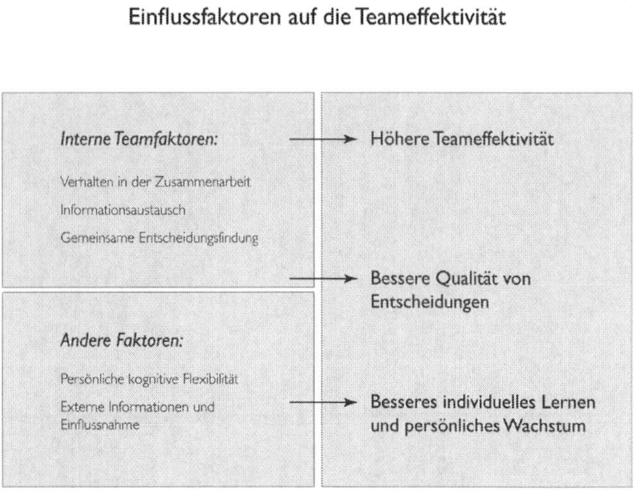

Abbildung 8: Einflussfaktoren auf die Teameffektivität

Mikromethode „Keep, Start, Stop“

Im Unterschied zu den beiden eben vorgestellten Fragebögen liegt mit der folgenden „Mikromethode“ ein sehr einfaches Werkzeug in Form von Leitfragen vor, das für die regelmäßige Reflexion der Teamarbeit gut genutzt werden kann. Julia Zirn und Swantje Allmers (2018, S. 86) beschreiben die Vorgehensweise im Kontext des „agilen Projektsetups“: Neben der Auswertung der bisherigen Gruppenaktivitäten kann damit auch das künftige „Verbesserungspotential identifiziert werden“ (a.a.O, S. 86). Im Einzelnen geht es um die folgenden, drei Fragestellungen:

- **Keep:** „Wo sind wir gut, was sollten wir beibehalten?“
- **Start:** „Wo können wir uns weiterentwickeln? Womit sollten wir anfangen?“
- **Stop:** „Welche Dinge behindern uns als Team?“

TEAMSITZUNGEN PROFESSIONELL AUSWERTEN

Zur Auswertung von Teamsitzungen und -besprechungen gebe ich aus dem diesbezüglichen Methodenrepertoire zwei leicht handhabbare Instrumente wieder: Das Besprechungs-Blitzlicht und die Blitzlicht-Symbole:

Besprechungs-Blitzlicht

Die wohl einfachste Form eine Gruppenbesprechung auszuwerten, dürfte mit der hinlänglich bekannten Blitzlicht-Methode vorliegen. Vier Auswertungsfragen, die reihum oder freiwillig beantwortet werden, können diese Sitzungs – „Schnappschüsse" anleiten (vgl.: Philipp 2014, S. 90):

- Was hat mir an der heutigen Teamsitzung gefallen?
- Was hat mir gefehlt?
- Was nehme ich aus der Besprechung mit (Eindrücke, Ergebnisse, Fragen)?
- Was sollte bei der nächsten Sitzung verbessert werden?

Übung: Blitzlicht-Symbole

Bei dieser Vorgehensweise werden die vier unten dargestellten Symbole mit inhaltlichen Themen verbunden, die die Blitzlicht-Beiträge strukturieren helfen. Jedes Gruppenmitglied sollte anhand dieser vier Darstellungen seine Wahrnehmung der vergangenen Teamaktivitäten wiedergeben.

Abbildung 9: Blitzlicht-Symbole

Teamarbeit mit Augenmaß reflektieren

MULTIPROFESSIONELLE TEAMS WEITERENTWICKELN: REFLEXIONSPROZESSE INITIIEREN UND DABEI „REFLEXIONSÜBERLAST“ VERMEIDEN

Zur Weiterentwicklung der multiprofessionellen Zusammenarbeit liegen zahlreiche Vorschläge vor: Neben materiellen Aspekten wie beispielsweise der Bereitstellung angemessener Beratungsräumlichkeiten in den Schulen und entsprechender Zeitfenster werden insbesondere gemeinsame Fortbildungen gefordert, auf denen „Austauschprozesse über das Rollenverständnis und pädagogische Leitbilder“ stattfinden sollen (Radisch 2016, S. 17). In meiner diesbezüglichen Fortbildungstätigkeit hat sich hier das „World-Café“ als aktivierende Methode der Großgruppenmoderation sehr bewährt. Am Beispiel der Kooperation zwischen Schule und Betreuung/Ganztag sind dabei die folgenden drei Fragestellungen hilfreich:

- „Was läuft gut in der Zusammenarbeit? Welche Schätze gilt es zu bewahren?“
- „Wo liegen Schwachpunkte unserer Zusammenarbeit? An welchen Stellen besteht dringender Handlungsbedarf?“
- „Welches sind unsere gemeinsamen Werte/Ziele/Leitbilder? Wofür stehen wir?“

Vor dem Hintergrund der Ergebnisplakate zu diesen drei Fragen werden dann Themengruppen gebildet, die Ideen zur jeweiligen Umsetzung als „To-do-Liste“ formulieren.

Geht es eher um gemeinsame Aktivitäten im multiprofessionellen Team kann in der Fortbildungssituation mit dem folgenden Leitfaden gearbeitet werden (überarbeitet nach: Philipp 2014, S. 73):

Leitfaden: Multiprofessionelle Teamarbeit starten

- Welche Aufgaben müssen gemeinsam angegangen werden?
- Wie wollen wir in diesem Team zusammenarbeiten?
- Wie sind die Verantwortlichkeiten verteilt?
- Wer hat welche Ziele und Erwartungen?
- Wer hat welche Rolle und welche Funktion in diesem Team?
- Wie klären wir Konflikte, und wie kommen wir zu Entscheidungen?
- Wie gestalten wir den Informationsfluss im Team und nach außen?
- Wie organisieren wir unseren eigenen Lernprozess als Team? Wie gestalten wir eine regelmäßige Reflexion über unsere Zusammenarbeit?

Schlussbemerkung: Die neuen Formen der multiprofessionellen Zusammenarbeit gehen eindeutig mit inhaltlich durchaus gebotenen, „gesteigerten Reflexionsanforderungen“ an alle beteiligten Gruppen und Personen einher (Arndt 2018, S. 72). Dieses gemeinsame Nachdenken sollte aber mit Augenmaß organisiert werden, damit es nicht als „potentielle Reflexionsüberlast“ (Helsper 2016, S. 237) dazu führt, dass nur noch auf der Metaebene agiert wird!

ZITIERTE LITERATUR

Arndt, A.K.: Kooperation als Dimension der Entwicklung inklusiver Schulen. In: Laux, S./Adelt, E. (Hrsg.): Inklusive Schulkultur. Miteinander. Leben.Gestalten. Münster/New York 2018.

Arnold, R.: Wie man führt, ohne zu dominieren. 29 Regeln für ein kluges Leadership. Heidelberg 2015.

Bauer, J.: Prinzip Menschlichkeit. Warum wir von Natur aus kooperieren. Hamburg 2006.

Bennis, W./Biederman, P.W.: Geniale Teams. Das Geheimnis kreativer Zusammenarbeit. Frankfurt a. M./New York 1998.

Bryk, A.S./Schneider, B.: Trust in Schools. A Core Ressource for Improvement. New York 2002.

Buchinger, K./Schober, H.: Das Odysseusprinzip. Leadership revisited. Stuttgart 2006.

Comelli, R.: Anlässe und Ziele von Teamentwicklungsprozessen. In: Stumpf, S./Thomas, A. (Hrsg.): Teamarbeit und Teamentwicklung. Göttingen u. a. 2003.

Edmondson, A.: Selbstverständlich fehlbar. Psychologische Sicherheit als Erfolgsfaktor für High Performing Teams. In: Organisationsentwicklung Heft 3/2018.

Eppler, M.J.: Kleines Besprechungs-ABC. In: Organisationsentwicklung Heft 4/2016.

Fabel-Lamla, M.: Vertrauen in der interpersonellen Zusammenarbeit an Schulen. In: Journal für Schulentwicklung Heft 1/2018.

Gerkhardt, M./Frey, D.: Erfolgsfaktoren und psychologische Hintergründe in Veränderungs- Prozessen. In: Organisationsentwicklung Heft 4/2006.

Helsper, W.: Pädagogische Lehrerprofessionalität in der Transformation der Schulstruktur. In: Idel, T.S. u. a. (Hrsg.): Professionsentwicklung und Schulstrukturreform. Bad Heilbrunn 2016.

Kauffeld, S.: Teamdiagnose. Göttingen u. a. 2001.

Kohl-Boas, F.: Good Work, good culture. In: Organisationsentwicklung Heft 4/2017.

Perrenoud, H.: Macht in Führung und Teamarbeit. In: Journal für Schulentwicklung Heft 4/1998.

Philipp, E.: Multiprofessionelle Teamentwicklung. Erfolgsfaktoren für die Zusammenarbeit in der Schule. Weinheim/Basel 2014.

Philipp, E.: Leitbildentwicklung auf den Punkt gebracht. Schwalbach 2017.

Radisch, F.: Kooperation und Ganztagsschulentwicklung. Foliensatz zum Vortrag in Bad Segeberg am 23. November 2016.

Raes, A.M.L.: Die Teamness von Top Management Teams. Auswirkungen auf Menschen und Organisationen. In: Organisationsentwicklung Heft 1/2016.

Romhardt, K.: Achtsame Kommunikation in Meetings. Wie Sie bei sich beginnen. In: Organisationsentwicklung Heft 4/2016.

Rolff, H.G.: Schulleitung auf den Punkt gebracht. Schwalbach 2017.

Scharmer, C.O.: Theorie U. Von der Zukunft her führen. Heidelberg 2009

Simon, P.: Wie Gruppen sich entwickeln. In: Stumpf, S./Thomas, A. (Hrsg.): Teamarbeit und Teamentwicklung. Göttingen u.a. 2003.

Zirn, J./Allmers, S.: Einfach. Machen. Micro Methods für das agile Projektsetup. In: Organisationsentwicklung Heft 3/2018.

debus PÄDAGOGIK

Sabine Maschke, Gunild Schulz-Gade, Ludwig Stecher (Hg.)

Hausaufgaben und Lernzeiten pädagogisch sinnvoll gestalten

Aktuelle Entwicklungen und Diskussionslinie

Hausaufgaben sind fester Bestandteil schulischen Lehrens und Lernens und betreffen somit unweigerlich Schülerinnen und Schüler, Lehrkräfte wie auch häufig die Eltern – wenn auch in unterschiedlicher Weise. Fragen zu ihrer Sinnhaftigkeit, Gestaltung, zu ihren Effekten und eventuell mit ihnen einhergehende Belastungen sowie weitere Aspekte werden in der Öffentlichkeit und in Fachkreisen seit langem vielfältig und kontrovers diskutiert. In den zurückliegenden Jahren haben durch den Auf- und Ausbau der Ganztagsschulen neue Gesichtspunkte in die Diskussion um Hausaufgaben Einzug gehalten. So haben sich neue Fragen ergeben, wie z. B.: Sollte auf Hausaufgaben nach einem schulischen Ganztag verzichtet werden? Wie lassen sie sich als Übungs- und Lernzeiten in die Ganztagsschule integrieren? Wie können Hausaufgaben sinnvoller in der Schule gestaltet werden? Wie kann selbstreguliertes Lernen im Unterricht und in den Lernzeiten gefördert werden? Im vorliegenden Jahrbuch Ganztagsschule werden diese und weitere Fragen aufgegriffen und erörtert sowie neuere Forschungsergebnisse und Praxiserfahrungen zu dem Thema vorgestellt.

ISBN 978-3-95414-122-7 (Print), 248 S., € 26,90

ISBN 978-3-95414-123-4 (PDF), € 21,99

Das **Jahrbuch Ganztagsschule** können Sie **zur Fortsetzung** beziehen. Der Einzelpreis bei Fortsetzungsbestellung beträgt pro Buch nur € 22,80. Der Fortsetzungsbezug ist jederzeit kündbar.

debus PÄDAGOGIK

Eschborner Ldstr. 42-50, 60489 Frankfurt/M.
Tel.: 07154/1327-30, Fax: 07154/1327-31
wochenschau@brocom.de
www.debus-paedagogik.de